AF585891

EFFROYABLE RENCONTRE APPARVE

Proche le Chasteau de Lusignan, en Poictou.

Aux Soldasts de la garnison dudit lieu. & a quelques habitants de ladicte ville.

La nuict du Mercredy 22. Iuillet. 1620.

A PARIS
Chez Nicolas Robert, ruë S. Iaques.

M. DC. XX.

EFFROIABLES

VISIONS

APPARVES PROCHE LE CHASTEAV DE LVSIgnan en Poictou,

La Nuict du Mercredy 22. Juillet. 1620.

Ous lisons dans les Histoires Sacrées, & *Profa*nes plusieurs mõstrueuses visions, & apparitions du tout prodigieuses, qui nous donnent à cognoistre que ce n'est rien d'estrange quand des choſes extraordinaires ſe preſentent à nous, ſoubs des formes, qui ſemblent outrepaſſer la nature. Pline le ieune, & Athenodore depuis racontent vne Hiſtoire du tout merueilleuſe, dont le diſcours & ſubiect arriua à Athenes en vne des belles maiſõs de la Ville, dedãs laquelle la nuict on entendoit vn fracas de chaiſnes, de fer, tantoſt de loing tãtoſt de prés, & cela par l'eſpace de deux bonnes heures auec tant de frayeur, que la penſee meſme en eſt affreuſe: tout ſoudain apres marchoit vn Vieillard tout defiguré, la face toute craſſeuſe, la barbe longue, & les cheueux heriſſés, hideux à merueille, qui portoit des fers aux pieds, & au mains ſemblables à ceux dont on retiẽt les prisonniers : ainsi en plusieurs autres lieux, ou ont esté veus encore de plus horibles prodiges: soit en l'air, soit en terre, soit en l'eau : bref en toutes les parties elemétaires: & ne fault point douter de cela puis que les Histoires, le tiennent pour veritable: toutefois si quelque. vn nous demendoit vne raison, ou comment manifestement nous leurs pourions persuader, & faire cognoistre la verite, & la cause de telz prodiges, nous les accuserions de curiosité: leur respondant que par mesme moyen qu'ils apperçoiuent, & cognoissent le charmes des Enchateurs, & occurences des Demons, qu'en pareille consequence la raison de l'vn, faict pour l'approbation de l'autre & qu'aussi sont des questions friuolles, & en l'air veu que la matiere surpasse la perspicuité crasse, & lourde du iugement humain.

Mais afin de commencer nostre discours pour en donner le contentement au Lecteur: i'escriray que le mercredy de nuict, vingt & deuxsiesme de Iuillet, s'apparust entre le Chasteau de Lusignan, & le parc, comme droict sur la riuiere, deux hommes de feu extremement puissantz, armés de toutes pieces, dont le harnois estoit tout enflammé: auec vn glaiue tout en feu en vne man & vne Lance toute flambante en l'autre, de laquelle desgoutoit du sang, & se rencontrant comme cela armés tous deux de semblables deffences, & d'vne mesme qualité, se combaterent long temps: tellement qu'a la parfin il y en eust vn des deux qui fust blessé, & tombant fist vn si horrible cry qu'il resueilla plusieurs Habitans de la haulte & basse ville, & estonna la Garnison, qui veilloit pour lors: ci tost apres cette batterie finie, s'apparust cõme vne lõgue souche de feu, qui passa la riuiere & s'en alla dans le Parc, suiuye de plusieurs Mõstres de feu comme de Cinges: & quelques pauures Gens qui estoient allés la dedans la Forest pour apporter quelque peu de bois pour trauailler, & brusler, rencontrerent ce prodige, dont bien estõnés penserent mourir, & entre autres vn pauuré ouurier de bois de galoche, qui en eust telle apprehension, que la peur luy causa vne grosse fiebure qui ne la point quitté: ce ne fust pas tout: car ainsi que les Soldatz estoient tous en allarmes du cry qu'auoit faict cet homme de feu, s'en estoient allés sur les meurailles pour voir: il passa sur eux vne grande troupe d'oiseaux, les vns noirs, les autres blãcs criant tous d'vne voix hideuse, & espouuantable, & auoient deux flambleaux qui les præcedoient & vne figure en propre forme d'homme qui les suiuoit faisãt le Hibou: de telle vision furent ils bien espouuentés, & leur tardoit beaucoup qu'il ne fust desia iour pour le rapporter aux Habitans: & les Habitans qui l'auoit veu leur ennuyoit extrememẽt que le iour ne parust pour s'enquerir des Soldats s'ils ne s'estoient point trompés : or voila l'Histoire que i'auois à vous presenter de laquelle si vous vousenquerés vous me remercierés, & serés contents de ce que ie vous donne, pour vous aduertir de cequi sepeut presenter à vous quand vous allés la nuit par les champs.

FIN.

www.ingramcontent.com/pod-product-compliance
Lightning Source LLC
LaVergne TN
LVHW012019170826
845678LV00004BA/1559

9782329632599